主要作者及丛书简介:

雅克·马丁: 法国著名漫画大师,1921年生于法国斯特拉斯堡,早年便在漫画方面表现出过人的天赋,与著名漫画家埃尔热和雅各布并称为"布鲁塞尔学派"的三个代表人物。1948年,马丁创造出阿历克斯这个生活在恺撒时代的罗马青年形象,并在《丁丁》杂志上开始连载他的故事。凭借着广博的历史和文学知识、娴熟的绘画技巧以及对古代建筑精细准确的再现,马丁创立了一个以严谨考证为基础的历史漫画创作流派。1953年,马丁与埃尔热工作室合作,参与了几部丁丁漫画的创作。1984年,马丁获得法国艺术文学骑士勋章。1988年,卡斯特曼出版公司大规模出版"阿历克斯历险记"丛书,以庆祝马丁创作这套系列漫画40周年。马丁一生共创作漫画120多部,累计销量超过1000万册。2010年1月21日,马丁在瑞士逝世,他的助手们目前在继续他的系列漫画的创作。

"时光传奇"丛书: "阿历克斯历险记"系列漫画是雅克·马丁一生中最重要、最畅销的作品,也是世界漫画史上的经典作品之一。"时光传奇"丛书的重要组成部分即为"阿历克斯历险记图解历史百科"丛书的中文版。在本书中,阿历克斯和他的伙伴将穿越时空,带领读者领略各大古文明的兴衰。

特别感谢**阿历克斯·埃旺**对本分册的大力帮助。

时光传奇
Khronos Cross

法国漫画大师雅克·马丁作品

凡尔赛宫

［法］雅克·马丁 著

杨光　吕昭　审译

北京出版集团
北京出版社

目　录

年　表

1607年：年幼的路易十三第一次造访凡尔赛。

1623年：路易十三登基后在凡尔赛修建了一座狩猎小屋。

从1631年到1634年：菲利贝尔·勒胡瓦主持狩猎小屋的扩建工程。

1643年：路易十三去世。

1660年：路易十四决定扩建凡尔赛宫。

从1661年开始：勒诺特尔主持凡尔赛花园的扩建工程。

1663年：修建动物园。

1664年：修建特提斯石窟。

1664年5月7日至13日：凡尔赛举办演出"魔力岛之趣"。

1678年：前院的楼阁被加高，并由两座建筑主楼连接起来。连接国王和王后居室的露台被镜厅所取代。

1670年：勒沃设计的5座楼阁开始建造（整个工程持续到1685年完工），其中包括知名的"特里亚农陶瓷宫"。

1681年：在塞纳河畔的马尔利修建了一座水坝为凡尔赛供水。

1682年：国王永久定居在凡尔赛宫。

1684年：新橘园开始修建。

1686年：新橘园建成。

1687年：开始修建大特里亚农宫。

1689年：修建王家礼拜堂。

1715年：路易十四去世。

1770年：小特里亚农宫建成。

凡尔赛宫建筑及园林布局示意图

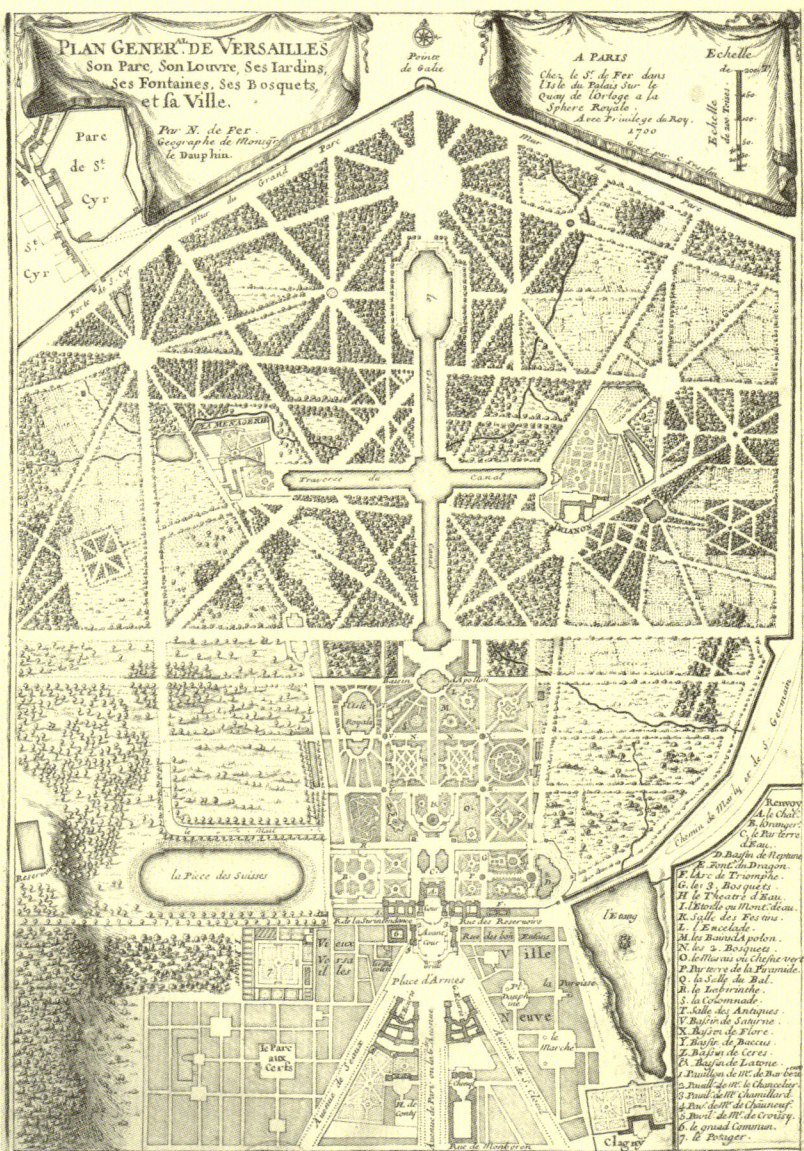

前　言

　　1954年上映的由萨卡·圭特里于执导的电影《如果凡尔赛的故事被讲给我听》的片名道出了一切：凡尔赛宫不仅仅是一座城堡，它的意义更是远远超出了其物质维度，它是一部令人惊叹的传奇，一部由法国历史上大人物和重大事件构成的延续了几个世纪的戏剧。

　　本书重现了这段历史的重要阶段。开篇是宁静村庄的田园风光，年轻的国王路易十三将目光投向了凡尔赛：他将这里视为狩猎的天堂！他的儿子路易十四在这里寄托了更大的野心：他先将凡尔赛变成一个享乐的居所；然后，随着一次次扩建，他将凡尔赛变成了宫廷所在地和王国首都。

　　年复一年，战争持久不绝，但爱意源源不断，凡尔赛宫的一切都必须变得更宏伟、更坚固、更华丽！这一切的目的是让贵族们服气，让整个欧洲都赞叹不已。在这片广阔的土地上，成千上万的建筑师、建筑工人、画家、装饰家、雕塑家、园艺师、园丁和工匠都在为太阳王的荣耀工作。他们建造、加高、扩建、增建建筑物。当这些工作还不够完美时，或者国王不满意了，他们就摧毁之前的作品，再挖掘、更换、扩建、美化……

　　王国的国库祈求饶恕！但是，当来自遥远的亚洲的使节们在金碧辉煌的镜厅受到空前盛大的欢迎时，国王的幕僚科尔贝尔却高呼：国家都要因凡尔赛宫而破产了，搞这些劳民伤财的事情又有什么用呢？当人们在神奇的喷泉前或凉爽的树丛中走过时，能听到蒙特斯潘夫人的笑声和莫里哀先生的喜剧吗？

　　1715年路易十四逝世后，凡尔赛宫再也无法重现昔日荣光。荣耀褪色得如此之快，节日庆典时有悲伤之色。路易十五更喜欢他的私人公寓和莲巴杜侯爵夫人的陪伴，而不是繁复的礼仪；当玛丽·安托瓦内特离开宏大的城堡前往附近的特里亚农宫时，路易十六视而不见。最终，当饥饿的巴黎人民在1789年10月6日毫不客气地向面包师和伙计"我碴儿"时，这部戏剧的大幕才最终落下。

　　太阳王的瑰宝遭遇寒冬了吗？在很长一段时间里，人们是这么认为的。因此，1871年，俾斯麦选择这座城堡作为法国战败的见证，并宣布德意志帝国的建立。1919年法国进行了惨痛的报复：在镜厅签署的《凡尔赛和约》结束了第一次世界大战；人们都知道和平将会非常脆弱。然而，当欧洲各国人民最终决定，是时候结束似乎永无休止的冲突了，与其野蛮地相互侵略，不如和平地相互访问，凡尔赛宫又重新发挥其展示和象征的作用。多年来，来自世界各地喜爱凡尔赛宫的游客数量稳步增加。如今，每年有700多万游客到访凡尔赛宫！曾希望他的城堡持续向所有人开放的路易十四还能梦想出比凡尔赛宫更好的遗产吗？

让—米歇尔·科布伦茨

凡尔赛宫主体建筑（图片提供：ThomasLENNE / Adobe Stock）

注：因供图方分别来自不同国家和地区的个人、网站、博物馆和科研机构等，故本书只保留供图方原文，以便读者查阅和考证。

一开始，凡尔赛只是一座小村庄

路易十三的
狩猎小屋

路易十三曾经来到凡尔赛这片土地上进行人生第一次狩猎。那时候他只有6岁，但这一天却留在了路易十三的记忆中，因为这是他童年最美好的日子之一。这片土地从1573年开始就属于贡迪家族，后来成了路易十三最喜欢的狩猎场。

当时的凡尔赛是一座远离主要交通线的宁静村庄，只有四五百个居民。这里树木繁茂，池塘众多。那时候，法国宫廷还不设在卢浮宫，从凡尔赛可以便捷地到达宫廷常在的圣日耳曼的王宫。

1623年到1624年冬天，时年22岁的路易十三决定在他非常喜爱的凡尔赛修建一个狩猎场所。他买下加利山丘，委托王家建筑总监用王室娱乐消遣的经费建造一座城堡。为了这项工程，当时王室还发起了用碎石和灰泥修建一座房屋的招标。最终，卢浮宫长廊的石匠师傅尼古拉·于奥中标。

高地上，风车俯瞰凡尔赛。远处是一座无人居住的领主宅邸。这座村庄有一座修道院，一些房屋紧密地围绕着一座12世纪的教堂，还有几家客栈，是把牛群从诺曼底赶到巴黎的车夫们经常光顾的地方。

法国国王路易十三（1601—1643）画像，菲利普·德·尚佩涅1655年绘，现藏于马德里普拉多博物馆

红衣主教黎塞留

红衣主教黎塞留（1585—1642），由T.伍尔诺斯雕刻，发表于《世界皇家人物传记辞典》，英国，1860年

1585年，阿尔芒·杜普莱西斯·德·黎塞留出生于巴黎。他本该成为一名军人，但是，由于哥哥拒绝了吕松主教的头衔，黎塞留只能放弃军旅生涯。为了不让家族失去主教职位所带来的利益，黎塞留开始学习神学。1606年，他在获得神学博士学位之前就被任命为吕松主教。1614年，在巴黎召开的三级会议上，黎塞留成为普瓦图地区神职人员的代表。那年他29岁，因其演说才能出众而备受瞩目。这是黎塞留非凡的教会和政治生涯的开端。作为玛丽·德·美第奇王太后的亲信，黎塞留被王太后任命为路易十三的年轻妻子"奥地利的安妮"的指导神父，后来又被任命为外交大臣。当国王剥夺玛丽·德·美第奇王太后的权力时，黎塞留也一度被疏远，但他成功地使这对母子和解，并与路易十三走得更近。1622年，他被任命为红衣主教，1624年起在御前会议中担任要职。黎塞留一直担任首相直到去世，他唯一的执政目标就是帮助路易十三巩固王权。他帮助国王限制贵族的野心，削减开支，挫败阴谋，并设立督办官职位来控制地方政府。他围攻了新教教徒占据的城市拉罗谢尔，并于1629年强迫新教教徒接受《恩典敕令》，从而削弱了新教教徒的势力。为了打击哈布斯堡家族的势力，增强法国的国际影响力，黎塞留统一了海军的指挥权，并设立了"海军及海洋事务总管"一职，将其置于自己的监管之下。最后，他于1635年创建了法兰西学院，旨在为法语制定规则，使其变得纯正动人。黎塞留于1642年去世，死因可能是肺结核。红衣主教马扎然继承了他的权力。

路易十三狩猎之行

国王的狩猎小屋

国王的宅邸在短短几个月内就建成了。路易十三对工程充满热情。从御医埃罗尔的日记中可以看出，凡尔赛在这位年轻国王的心目中占据着多么重要的位置。1624年3月9日，他第一次在凡尔赛过夜。6月，他在凡尔赛度过了漫长的一周，在那里狩猎野兔、狐狸和鹿，锻炼他的火枪手。他还亲自描绘了未来的国王马厩的规划图。8月2日，他在那里欣赏了王室首席侍从购买的家具，包括整套的厨具。直到1626年11月3日，国王才邀请了王太后玛丽·德·美第奇和王后"奥地利的安妮"前往凡尔赛参加狩猎和宴会。新的国王宅邸很快完工。由于墙壁由砖石砌成，屋顶由石板搭建，这座宅邸更像庄园而非城堡。国王住在二楼，国王卫队队长及其下属住在一楼。宅邸北侧是厨房和军械库，南侧是储藏室和公用设施。前院由大门封闭，整座宅邸被护城河环绕，宅邸后面有一座横跨护城河的小桥可以进入花园。

然而，城堡还未完全竣工就已经显得太小了。王后甚至没有独立卧室！路易十三委托菲利贝尔·勒胡瓦扩建城堡。1631年至1634年间，建筑师改造了建筑的部分结构。东面被柱廊围起来了，同时修建了4座角亭。在楼上，国王和王后各有一间卧室、一间候见厅和一间

愚人日事件

1630年11月11日，王太后玛丽·德·美第奇为了让黎塞留下台，在卢森堡宫向她的儿子宣布，除非黎塞留离开宫廷，否则她不会再出席御前会议。路易十三假装接受了黎塞留的辞呈，随后前往凡尔赛秘密召见他。傍晚，路易十三在凡尔赛森林中的国王宅邸与黎塞留密谈，然后在半夜召开了一次特别的御前会议。路易十三当场决定公开反对王太后，并在她逃离法国之前将其软禁在了贡比涅。这场变故史称愚人日事件。

玛丽·德·美第奇（1573—1642）画像，弗兰斯·普尔布斯绘，现藏于佛罗伦萨帕拉蒂尼美术馆

书房。路易十三还扩建了他的小庄园。1632年4月8日，他以66000里弗尔的价格从巴黎大主教让−弗朗索瓦·德·贡迪手中买下了以前的领主土地。

1632年5月25日，当着教区牧师和一些村民的面，印有巴黎大主教盾徽的柱子被拆掉了。接着，法兰西国王的盾徽出现在了大十字路口两旁的榆树上。至此，凡尔赛才真正地进入历史。

路易十三在凡尔赛的第一座行宫

9

国王的雄心

1643年，路易十三去世，他的儿子路易十四当时只有5岁。王后"奥地利的安妮"在首相马扎然的辅佐下履行执政职责。1661年马扎然去世，路易十四决定亲政。

1661年8月17日，路易十四受财政总监尼古拉·富凯邀请，参加在富凯刚刚建成的沃子爵城堡里举行的一场奢华宴会。路易十四为这座城堡着迷，但又嫉妒不已。臣民能拥有比国王更奢华的宅邸吗？答案是：不能！9月5日，富凯被捕，国王决定改造凡尔赛宫。这座得到其父亲路易十三珍爱以至于在1660年前每年

法国国王路易十四（1638—1715），约1654年茹斯特·戴格蒙作，现藏于维也纳艺术史博物馆

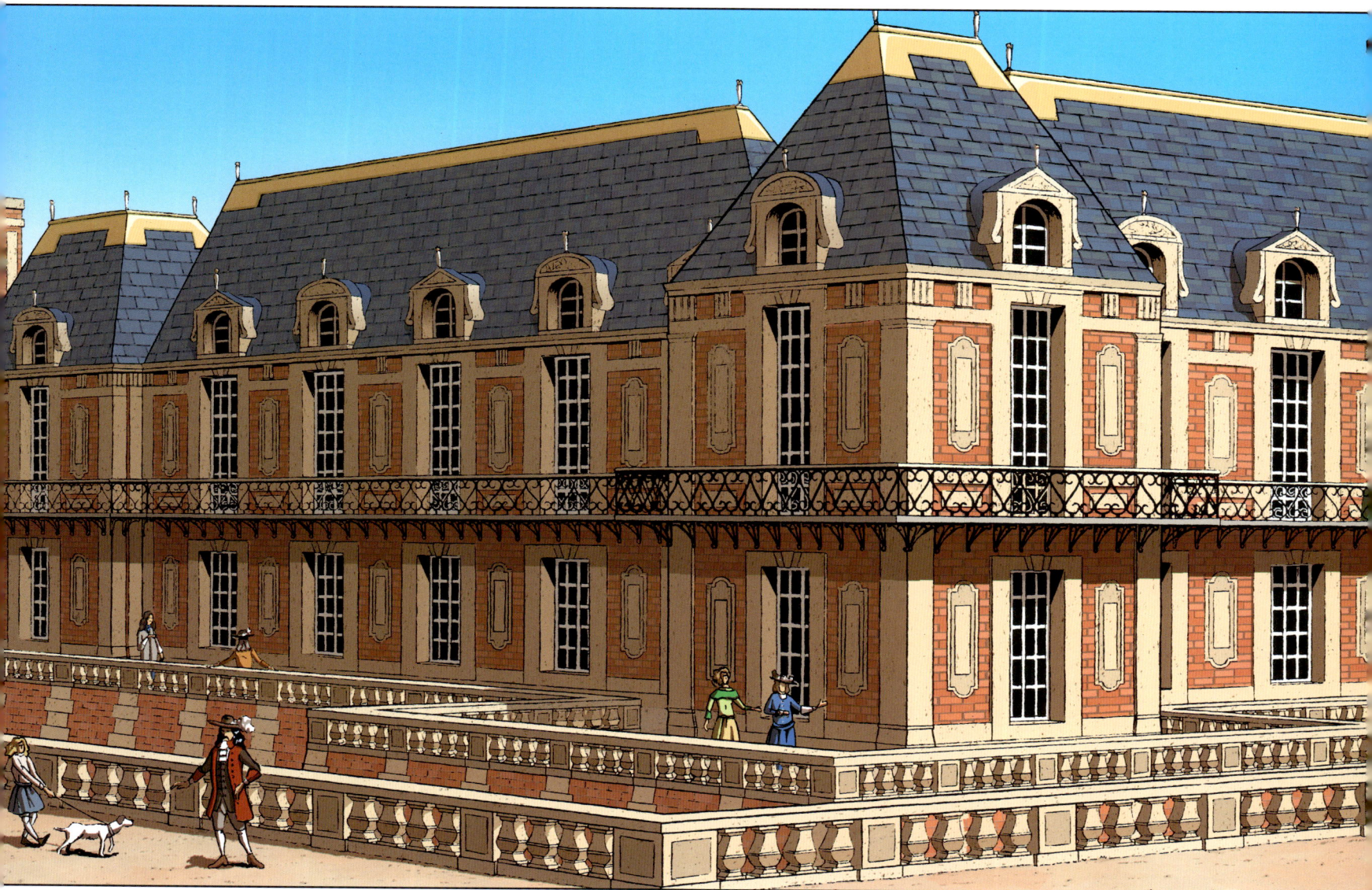

都要来此地狩猎一到两次的小城堡，将变成一座与国王地位相符的宫殿。路易十四召集了在沃子爵城堡工作过的团队：路易·勒沃负责建筑设计，夏尔·勒布伦负责装潢，安德烈·勒诺特尔负责园林设计。城堡最初的工程规模不大，只有一部分房间被改造，这些房间的装饰被委托给夏尔·埃拉德和尼古拉·科伊佩尔两位画师。其中一套房间预留给几个月前出生的王太子。在外部，前院的建筑被拆除，取而代之的建筑更加宏伟。

两座由住宅延伸出来的长形建筑是厨房和马厩，马厩可容纳54匹马。前庭院本身呈优美的半月形，由栅栏围住。它与火枪手用作岗哨的两个小亭子相连。

布面油画《凡尔赛宫的建造》（1669），亚当·弗朗索瓦·范·德·默伦（1632—1690）作

1663年，凡尔赛宫的北立面和西立面

从护城河上看到的1663年的大理石庭院

让－巴普蒂斯特·科尔贝尔

让－巴普蒂斯特·科尔贝尔于1619年出生于兰斯的一个银行家和布商家庭。1651年，科尔贝尔成为红衣主教马扎然的亲信，马扎然请他管理自己的财产，并在1661年临终之际向国王推荐了他。路易十四任命科尔贝尔为财政总审计长，随后又任命他为国务大臣。科尔贝尔逐渐接管了除外交和军事以外的所有国务。他通过建立贸易公司和发展工厂，鼓励法国商品销往国外。他对大型工程很感兴趣，在巴黎修建了多座广场，扩建了卢浮宫。他还创建了法兰西文学院、法兰西科学院、皇家建筑学院和巴黎天文台。

让-巴普蒂斯特·科尔贝尔（1619—1683）的画像，菲利普·德·尚佩涅绘

凡尔赛宫新橘园建于1684年至1686年（图片提供：Kiev.Victor/Shutterstock）

沃子爵城堡的橘子树

凡尔赛宫花园里的变化最大。勒诺特尔在城堡前修建了花圃、未来的拉托内山坡和长长的王家大道，也就是绿毯大道的前身。根据国王的命令，它通向一个当时还不是阿波罗池塘的水池，天鹅在池上滑翔。村庄里有一块地被开辟为蔬果园。路易十四想要的新橘园由勒沃设计，用砖石在城堡南侧建成。国王在访问凡尔赛时，会特意视察他热衷的工程的进展情况。国王在没收富凯财产后，从沃子爵城堡挑选了1200株橘子树，并将它们移栽到凡尔赛宫花园。科尔贝尔命令佩蒂特监督这项工程，佩蒂特报告说："330名挖掘工人正在辛勤地搬运橘园的土和修建大花坛尽头的半月形花坛，并在旧城堡的花园里翻整土地。"

勒沃设计的第一座橘园

1663年的凡尔赛宫，在完成路易十四要求的第一批翻修工程后，被改造成一座美丽的乡间别墅

神奇的石窟

在点缀凡尔赛宫花园的艺术作品中，特提斯石窟既美妙又短暂，是每个错过它的访客都会感到遗憾的奇迹之一。1665年7月，城堡北面新建了一座建筑，以容纳这个由德罗内根据佩罗兄弟的创意设计的岩石奇观。珍珠母、珊瑚和其他五颜六色的贝壳构成了一个太阳的形状，周围环绕着鸟儿、蜥蜴和美人鱼。一个液压装置模仿鸟鸣。几年后，一组表现阿波罗绕地飞行后与女神特提斯共寝的雕塑被安置在这里，象征着路易十四下榻于凡尔赛宫。拉封丹在《塞姬和丘比特之间的爱情》中歌颂了石窟的美丽。斯库德里小姐描述了石窟的魅力："众多美丽的事物让人目不暇接，耳目一新，惊叹不已，浮想联翩。"廷臣和游客们蜂拥而至，直到1684年凡尔赛宫北翼修建前夕，这个迷人的石窟才被拆除。

当凡尔赛的游客们欣喜若狂时，科尔贝尔却担心国王愈发沉迷于凡尔赛宫和花园。他在1663年写给国王的信中说

凡尔赛宫特提斯石窟中的雕刻

道："我请求陛下允许我就这个问题说两句反省的话，这是我经常说的，如果陛下高兴的话，会看在我一片赤诚而原谅我。这座宫殿与其说是为了陛下的荣耀，不如说是为了您的享乐……实际上，陛下很难看出过去两年在凡尔赛花费的这50多万埃居究竟产生了什么效果……在为凡尔赛宫花费如此巨资期间，陛下却忽略了卢浮宫，而卢浮宫无疑才是世界上顶级的宫殿，也是最配得上陛下的伟大宫殿。"

雕刻是特提斯石窟现存唯一的遗迹

阿波罗池塘周边的小树林（图片提供：Wirestock）

夏尔·佩罗设计的特提斯石窟内景

容纳特提斯石窟的建筑

当路易十四开始规划凡尔赛宫新的工程时，将城堡改造成乡间别墅的工程才刚刚完工。建筑师勒沃在国王做出决定之前提交了几个规划方案。

1668年7月，路易十四在凡尔赛宫花园举办了一场盛大的宴会，庆祝《亚琛条约》的签订。宴会为抵达城堡的宾客们提供了茶点。国王餐桌上的餐具摆放在一个临时亭子里，其他餐具摆放在特提斯石窟里。由于空间不足，其余的庆祝活动都在室外进行。那么，如果天气不好，该怎么办呢？庆典结束后的几天里，

勒沃试图说服路易十四再次扩建城堡以容纳王家娱乐活动。担心工程造价过高的科尔贝尔则忧心忡忡。夏末，国王决定修建大型厅堂，用于观赏喜剧、召开宴会和舞会，并为自己修建新的卧室。国王收到了多个扩建方案。最终，勒沃在花园一侧用白色石材围起了老城堡，并用火盆和奖杯装饰的栏杆遮住了城堡的意大利式屋顶，让后者不能从外面看到。在凡尔赛宫的一侧，勒沃在前院的两翼建造了对称的马厩和附属建筑。

1668年，勒沃向路易十四提交扩建凡尔赛宫的计划

勒沃的
伟大工程

虽然凡尔赛宫已经装修完毕了，但此时的路易十四并没有长期居住在那里，而是不断地在各地的城堡间穿梭，或巡视法兰西王国边境。

仅以1671年为例，国王和他的宫廷在4个月内搬家了20多次！路易十四时不时会在凡尔赛宫举办大型宴会，比如1664年的"魔力岛之趣"，约600人欣赏到了莫里哀剧团的演员骑着象征四季的动物在花园里巡游。当晚，蒙面仆人手持200支白色蜡烛，在花园里举行烛光晚宴。1668年，3000人应邀参加了在城堡里举行的皇家大舞会。当他们漫步时，会发现星形灌木园里摆满了焦糖块和果酱，橘园内的树枝上挂满了蜜饯，然后他们坐下来享用300道菜的大餐，在专为这一场合布置的露天舞厅里翩翩起舞，最后还可以眺望花园和灯火通明的城堡。在1674年夏天的凡尔赛舞会上，路易十四最后一次公开跳舞庆祝重新征服弗朗什-孔泰地区。芭蕾舞剧之后是歌剧、烟花和贡多拉游船巡游。

路易·勒沃像，皮埃尔·拉邦1662年绘制，现收藏于凡尔赛宫

法国建筑师路易·勒沃（1612—1670）是古典主义大师之一。他最著名的作品是受财政总监尼古拉·富凯委托设计的沃子爵城堡。他还负责设计了万森城堡的国王厅和王后厅、杜伊勒里宫的新外墙以及1661年卢浮宫画廊被烧毁后的重建工作。1654年，他被任命为国王首席建筑师，设计了卢浮宫新的南立面。他还绘制了四国宫的平面图，马扎然红衣主教希望将四国宫建在正对卢浮宫的塞纳河南岸，该建筑后来成为法兰西学术院。

路易·勒沃在1662年和1663年已经参与了对路易十三时期建造的凡尔赛城堡的第一次改造。当他设计1668年的扩建部分时，年纪已经很大了。他构想了城堡面向花园一侧的白色石制围护结构，以及延伸到庭院的两个砖石做成的两翼。然而勒沃没能看到扩建项目竣工，他于1670年去世，他的位置由弗朗索瓦·多尔贝接任。

"魔力岛之趣"宴会

大使阶梯

王后阶梯

危险的工地

直到1682年，路易十四和他的宫廷才永久定居于凡尔赛宫。从此时开始，庆典活动越来越少，但工程却越来越多。当时，依然可以看到路易十三时代修建的第一座城堡，只不过它被勒沃于1668年修建的城堡外墙包住了，而老的花园则在新的外墙修好后完全消失了。建筑师儒勒-阿尔杜安·芒萨尔受委托在南北两翼修建了新的房间，供王室成员居住。1683年科尔贝尔去世后，卢瓦接替他担任建筑总监。凡尔赛成了永久性的建筑工地，这里有负责土方工程的士兵和众多木匠、石匠、大理石石工、水管工和园丁。1685年，施工人员多达36000人，他们经常在木制脚手架上小心翼翼地施工，脚手架可以根据需要在几小时内组装和拆卸。在施工中，伤亡事故频发，受伤者会得到工伤赔偿。例如：一名采石工在圣菲亚克尔采石场工作时摔断了腿，得到了40里弗尔的赔偿；一名水管工失去了四肢，得到了100里弗尔的赔偿；有人因工伤导致一只眼睛失明，得到了60里弗尔的赔偿。路易十四一直密切关注着工地，有时甚至会住到帐篷里亲自监督施工情况……

凡尔赛宫大楼梯的内景

大使阶梯天花板全景

罕见的大理石调色板

宫殿内部的装潢可谓争奇斗艳。最伟大的艺术家和最好的工匠共同创造了这一巨大的杰作。通往大人物卧室的国王阶梯，又称大使阶梯，由带纹理的白色、灰色、黑色、坎潘绿和朗格多克红等多种法国大理石镶嵌而成，从阶梯延伸出来的维纳斯厅和狄安娜厅也是如此。根据安德烈·费里比安的观察：最稀有、最珍贵的大理石都用在了最靠近国王的地方，因此，当人们越接近国王的房间，就会发现大理石、雕塑和装饰天花板的绘画更加丰富多彩。画家勒布伦和范·德·默伦用透视立体装饰画描绘了路易十四统治初期的历史。王后阶梯的扩建工程占用了王家礼拜堂的空间。从王后阶梯可以进入王室成员的卧室，这是日常通道，而国王阶梯则只有在举行仪式时才会使用。在国王阶梯，装饰设计师们也使用了不同颜色的大理石，在前厅用黑白色方砖，在墙壁上则用彩色格子方砖。

王后阶梯（图片提供：KrisBlack）

1667年

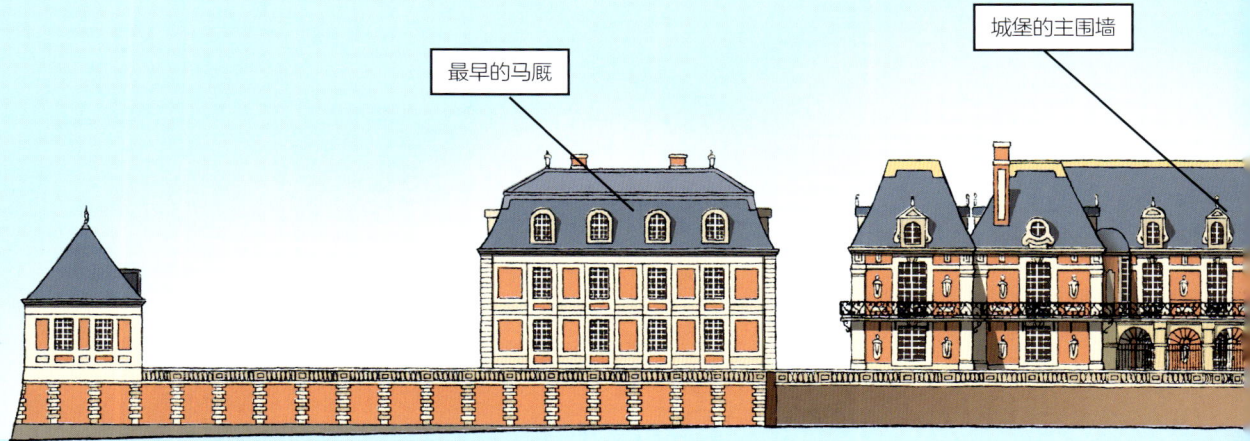

最早的马厩

城堡的主围墙

1678年

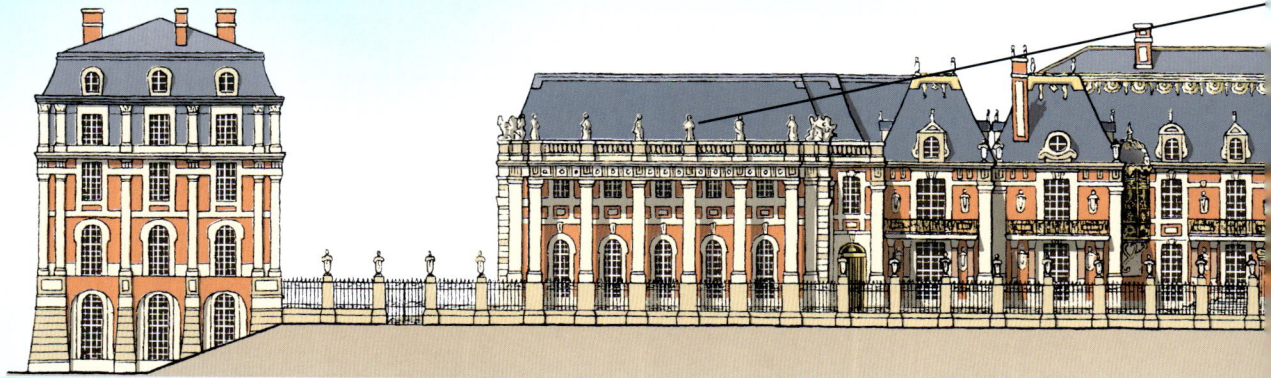

1715年

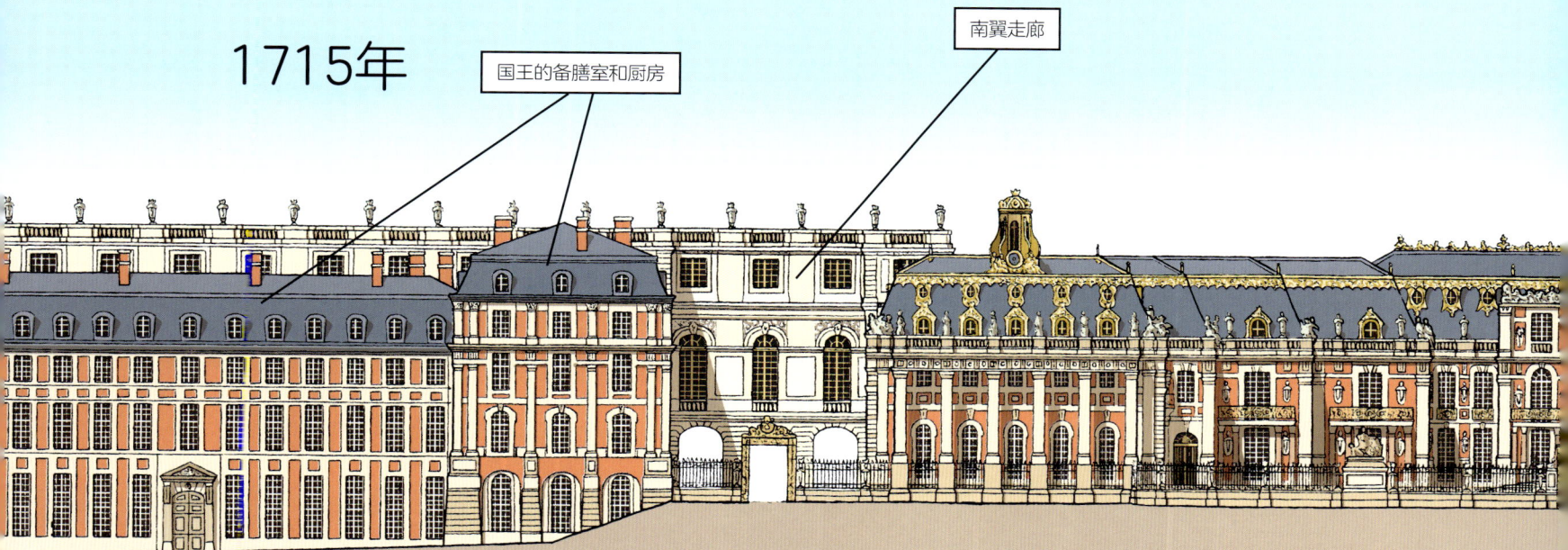

国王的备膳室和厨房

南翼走廊

路易十四统治时期凡尔赛宫主立面的三次演变

厨房和仆人的房间

特提斯石窟

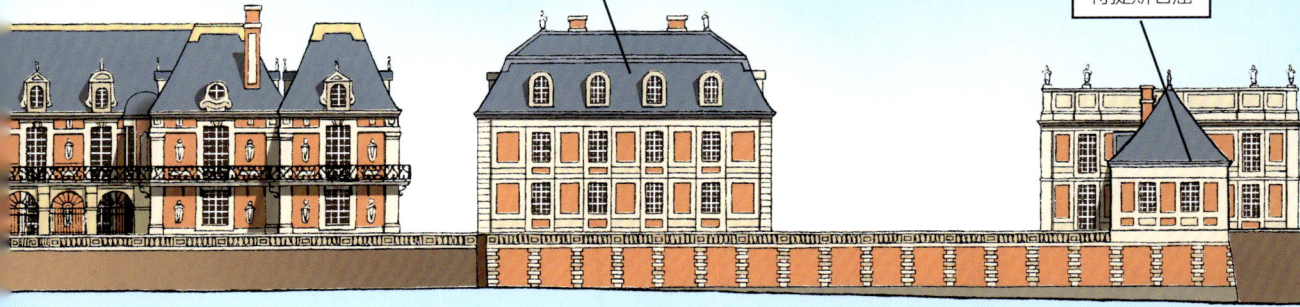

两侧的建筑被翻新、改造和装饰

北翼走廊

王家礼拜堂
（1689—1710）

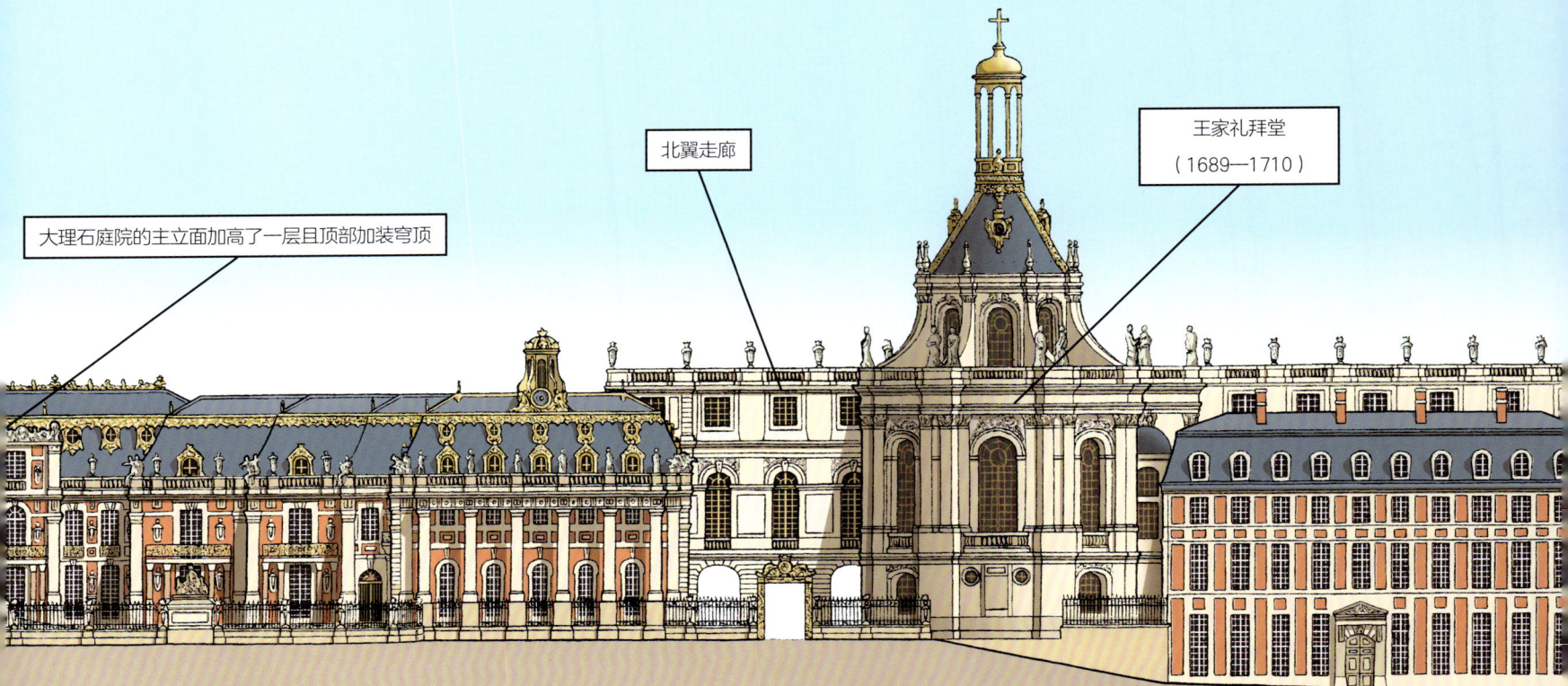

大理石庭院的主立面加高了一层且顶部加装穹顶

芒萨尔设计的宫殿

1682年5月6日，路易十四离开圣克鲁宫，将宫廷永久迁到凡尔赛宫。当天，怀孕的太子妃是坐在椅子上被抬到凡尔赛的。但在下榻凡尔赛宫的第二天，她就要求搬到另一个房间，因为持续不断的施工噪声让她无法入睡！

并非所有的廷臣都赞赏凡尔赛宫的规划蓝图，也不是所有人都兴高采烈地跟随国王迁居凡尔赛。意大利人普里米·维斯康蒂根据他的亲眼见闻评论道："凡尔赛宫一直在施工，但因为这些人根本不懂建筑，不知道该建什么、该拆什么，结果浩大的工程让空气变得很差。此外，腐臭的水也浸染了空气，以至于到了八月，所有人都病倒了，包括太子、太子妃和很多廷臣。我想，除了国王和我之外，所有人都病倒了。但没有人敢说想离开凡尔赛，因为国王将这座宫殿视为他的杰作。"

通过在凡尔赛大兴土木，路易十四确实喜欢上了这里，他意识到，宫廷设在凡尔赛要比设在巴黎更容易控制贵族群体，他可以约束他们，监视他们，这样就不会再发生给他造成童年阴影的巴黎投石党人起义了。这样一来，凡尔赛宫就成了有效的权力工具。儒勒-阿尔杜安·芒萨尔是路易十四找到的能主持如此宏伟工程的建筑师。1678年，勒沃在前院两侧修建的楼阁被加高，并由两座主楼连接起来，作为国务秘书们的居所和办公室。城堡对面修建了两个大马厩，可容纳几百匹马，马厩上方的楼房则用来安置马

儒勒-阿尔杜安·芒萨尔（1646—1708），国王首席建筑师和总监理师的画像，亚森特·里戈（1659—1743）创作

夫、马厩管理人员、仆人和乐师。凡尔赛宫的庭院由一扇新的半月形大门封闭，门顶有一个巨大的金色太阳。两个柱廊的顶端是灯笼式天窗。大理石庭院中的观鸟园消失了，宫殿窗户上安装了铁艺镀金阳台。也是在这个时候，凡尔赛宫后立面和大理石庭院最终定型。

约1675年，镜厅建成前，从主喷泉池眺望凡尔赛宫的绘画细节

镜厅修建之前的大理石露台

凡尔赛宫西立面，镜廊取代了原来的大理石露台

镜厅

因为密封性不佳，连接国王和王后居室的露台于1678年被拆除，取而代之的是路易十四梦寐以求的镜厅。镜厅又被称为镜廊，于1684年竣工，它的17扇巨大的落地窗面向凡尔赛花园，光线透过这些窗户可以照亮长达73米的房间。在镜厅，每扇落地窗都对着一面由21面小镜子组成的巨型镜子，这在当时是闻所未闻的奢华，因为仅仅制作一面小镜子就大约需要花费800小时。这些珍贵的镜子来自瑟堡附近的图拉维尔，那里的手工匠人成功破解了威尼斯玻璃大师的不传之秘。在天花板上，勒布伦和他的画家们创作了法国有史以来最大的装饰画。根据路易十四的要求，这些装饰画表现了他的几个主要统治阶段，其中的传奇故事由布瓦洛和拉封丹两位作家演绎创作。

从清晨开始，镜厅里就挤满了等待国王驾临的廷臣，同时这里也是举办庆典和仪式的场所。1686年，路易十四在这里接见了来自暹罗国的两位使者，他们带着珍贵的礼物从布列斯特港登岸，觐见路易十四。当时，镜厅里还摆放着纯银和镀金银制的花瓶和烛台。1689年，为了支持法国反对奥格斯堡同盟的战争，这些装饰品被熔化，取而代之的是镀金木制家具。

大画廊或镜厅的拱顶规划图，上面有希腊神话中大力士赫拉克勒斯的故事场景，夏尔·勒布伦于1679—1684年绘制

凡尔赛宫的银家具

17世纪下半叶，从南美洲矿场获得巨额白银的西班牙在欧洲宫廷中掀起了银制用品的风潮。在科尔贝尔的鼓励下，路易十四委托巴黎金银匠行会、卢浮宫长廊和戈贝林王家工场最娴熟的银匠们制作了一批非凡的银器。这些银匠制作了大约200件纯银制品，上面雕刻着代表王室的徽章图案，还有一些雕刻神话题材的图案。1682年，国王将宫廷迁往凡尔赛，这些银用品就被安置在国王卧室和镜厅中。这些银制用品包括银烛台、银镜、银桌、银水壶、银花瓶等，真可谓种类繁多，争奇斗艳，令当时的参观者目不暇接。仅分隔御床和卧室其他部分的银栏杆就重达1吨！

银烛台静物画，17世纪油画，梅夫伦·孔特 (1630—1705)绘

俯瞰大花园的镜厅一侧

准备接待暹罗使臣的宏伟的镜厅

法兰西历史上的镜厅

镜厅里，每天都挤满了等待接见的访客、希望获得国王青睐和注意的廷臣。在历史上，这里曾举办过一些著名的外交会议。

1685年5月15日，热那亚总督弗朗西斯科·玛利亚·莱尔卡里走进了仍在建设中的镜厅。他的红色礼服与随行的四位热那亚元老院议员的黑色礼服形成鲜明对比。为了给访客留下深刻的印象，路易十四在大居室和镜厅里摆放了最精美的银制用品，国王本人则坐在镜厅尽头台阶上的王座上，居高临下地等待访客。热那亚总督必须穿越73米长的镜厅走到台阶下，才能向法国国王鞠躬行礼。

1686年9月1日，路易十四接见了暹罗国王纳莱

热那亚总督弗朗西斯科·玛利亚·莱尔卡里于1685年5月15日前往凡尔赛宫，向路易十四赔礼以修复双边关系。1710年，路易十四向戈贝林王家工场订购以他本人历史为主题的挂毯，下图中的场景就发生在凡尔赛宫镜厅

下图是反映1685年热那亚总督向路易十四赔礼场景的挂毯的大幅底图，这个铜版画《凡尔赛宫镜厅透视图》，现藏于法国国家图书馆铜版画和照片部

的使团，使团带来了暹罗国王给法国国王的书信。暹罗使团于同年6月18日就已抵达布列斯特港，并在法国各地旅行，他们用尖帽遮挡了面容，奇异的服饰让法国人大开眼界。当暹罗使团到访凡尔赛宫的时候，国王的银制用品又一次摆满镜厅，一直堆放到王座旁。

1715年2月19日，路易十四在镜厅最后一次接见外国使团。此时，他的银制用品已经被熔化，用于资助法国的对外战争。此次来访的波斯大使穆罕默德·里扎·贝格向国王鞠躬致

意。路易十四的黑金长袍上镶满了钻石。在他身边，未来的路易十五也佩戴着珠宝。1742年1月11日，为了迎接奥斯曼帝国的大使，路易十五仿照1715年的接待仪式布置了王座和镜厅。但是，这次他必须为王后玛丽·莱辛斯卡找个合适的位置，这是王后第一次在镜厅出席外事活动。

19世纪下半叶，镜厅再次成为国际瞩目的焦点。1871年1月18日，在色当战役中击败法国后，普鲁士国王威廉一世选择在凡尔赛宫镜厅宣布德意志帝国的成立。作为报复，法国总理乔治·克莱蒙梭于1919年6月28日在凡尔赛宫镜厅组织签署了《凡尔赛和约》。4个结盟的战胜国英国、法国、美国和意大利向战败国德国的代表提出了各自的条件。

1919年6月28日，多国代表签订《凡尔赛和约》（图片提供：Bettmann）

国王的卧室

1690年，某个清晨的国王卧室

自1653年路易十四第一次在凡尔赛宫下榻起，随着宫殿的扩建，国王在宫殿中拥有的可供使用的房间越来越多。这些房间有些是连接起来的，有些具备多种用途，其中包括客厅、卧室、休息室等。

1684年，为了和凡尔赛宫的宫廷礼仪相适应，国王选择一间全新的金碧辉煌的房间作为卧室。国王的卧室是宫廷生活的中心，也是起床仪式、廷臣入室、在小套间用午餐和就寝的地方。除了这些日常礼仪活动外，路易十四还在这里接见外国王子、外国使臣、高等法院法官，并接受大臣的宣誓。当国王不在他的卧室时，所有访客都可以靠近国王的床边参观，但任何访客都不得越过栏杆；进入国王的卧室后，男士必须脱帽，女士必须行屈膝礼。

1701年，国王的卧室搬到了邻近的客厅，这里更大、更明亮，而且位于城堡的中心位置。新房间的墙壁是白色和金色相间的，陈设富丽堂皇，国王的床也彰显了威严。1715年9月1日，路易十四就是在这里去世的。1737年，路易十五在先王的卧室里举行了隆重的仪式，同时在附近布置了一间更舒适的房间作为卧室。他的孙子路易十六也是这样做的，直到1789年，路易十六离开凡尔赛宫。

王家礼拜堂

1682年，由于王后阶梯的拓宽工程，凡尔赛宫原有的礼拜堂被毁。同年，一座新礼拜堂在城堡和原特提斯石窟之间的位置建成，这是一个临时的祈祷场所，未来会被一座配得上太阳王（即路易十四）威严的新礼拜堂所取代。然而，设计方案的改变和财政困难延误了新礼拜堂的工程进度。因此，这座外面有一个大十字架的临时礼拜堂被国王一直使用到1710年。因为临时礼拜堂与宫殿二楼的房间相连，所以国王可以在阳台上参加日常弥撒仪式，他只有在特殊场合才会进入临时礼拜堂的中殿。这座临时的王家礼拜堂后来被改建成了赫拉克勒斯客厅，我们今天看到的王家礼拜堂是芒萨尔在1689年至1710年间主持设计并建造的。

王家礼拜堂（图片提供：pcalapre/Adobe stock）

1690年，国王在王家礼拜堂祈祷

勒诺特尔设计的花园：露天剧场布景

路易十三选择营建凡尔赛宫的土地附近非常荒凉，其中甚至还有危险的沼泽和流沙。但是为了满足王室的愿望，从1663年开始，勒诺特尔扩建了花园，利用城堡周围的自然环境，创造出了一个巨大的露天剧场布景。

城堡建在一个狭窄的土丘上，科尔贝尔说："花坛和林荫道过于陡峭，导致无法再扩展或占用更多的土地，否则就必须将一切推倒重建。"但很快，由于勒诺特尔的才华，一座漂亮的公园出现在我们眼前。这里的每一个水景都是一个幻境，每一片树林都掩映着优美的雕像和神秘的绿色植物。漫步者可以在栅栏林立的林荫道上漫步，将目光投向大运河后的树林。过了小公园，就到了大公园，43千米长的围墙上有24扇门。在那里，荒原上、树下、灌木丛中、池塘边，生活着大量供国王不断猎杀的猎物。

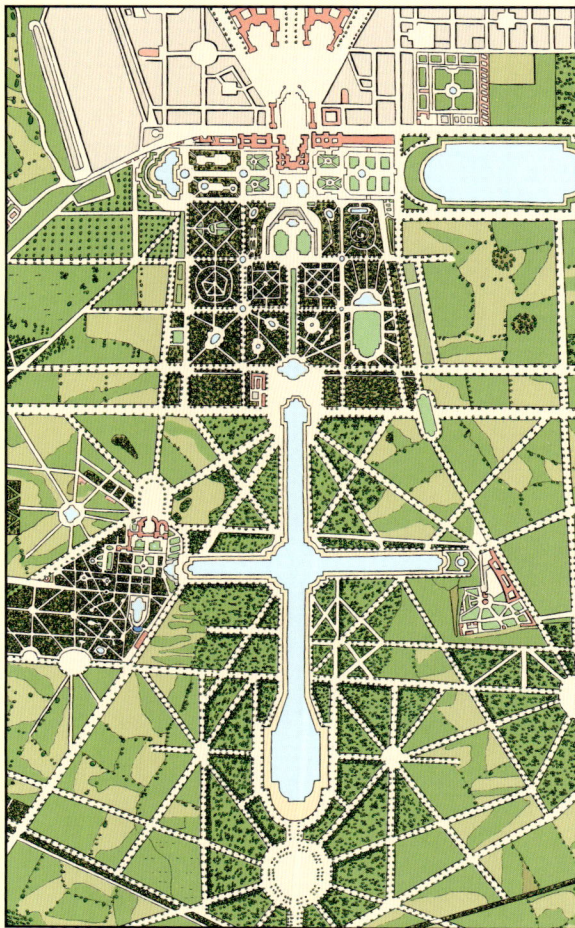

1710年，凡尔赛花园平面图

安德烈·勒诺特尔

安德烈·勒诺特尔（1613—1700）是位杰出的法国园林设计师。他的父亲和祖父都是王家园艺师，他后来成为王家首席园艺师。1640年，他完成了瓦蒂尼城堡花园的设计和建造，引起了人们的注意，当时他只有27岁。勒诺特尔于1637年成为杜伊勒里宫的首席园艺师，并设计建造了其他花园，包括枫丹白露宫和沃子爵城堡的花园。在尼古拉·富凯的沃子爵城堡里，他与路易·勒沃和夏尔·勒布伦共事。1661年尼古拉·富凯失宠后，勒诺特尔重返国王身边并设计了凡尔赛宫的园林。他由亲自设计爱神花坛开始，从规划到施工，监督了整个工程的运作。勒诺特尔于1700年逝世，留下了众多园林作品，包括位于夏朗通勒庞的贝尔西城堡花园、尚蒂伊城堡的花园、圣日耳曼昂莱城堡的露台以及塔恩省卡斯特尔的主教府花园。

安德烈·勒诺特尔佩戴圣米歇尔骑士团勋章像，卡尔洛·马拉塔于1679—1681年创作，现藏于凡尔赛宫

十字大运河上的船队

凡尔赛花园中的十字大运河于1668年至1672年间开凿，整个水域占地23公顷，全长1675米。运河设计精巧，符合完美的几何规则，在游客眼中显得更加绵长。来自敦刻尔克的水手、来自勒阿弗尔的木匠和划艇手，操纵着双桅船、划艇和三桅小帆船，组成了一支舰队，在运河上航行……

1674年，威尼斯共和国向路易十四赠送了两艘贡多拉。贡多拉船夫随船一起到达凡尔赛宫，船夫们被安排住在运河岸边专门为他们修建的住宿区，此地被称为小威尼斯。国王和其他王室成员喜欢乘船在十字大运河上闲游，夏天乘坐贡多拉，冬天则乘坐雪橇在运河冰面上游玩。王室往往在小威尼斯登船，当有客人时，他们会在航行途中经过特里亚农宫和动物园时向客人展示一番。科尔贝尔建造十字大运河的目的，是为了让国王了解海军的进步，并向外国使节炫耀法国海军的实力。他甚至还建造了一艘按比例缩小的双桅帆船停泊在十字大运河上，船上装备了32门小炮，在风力允许的情况下它能随时起航！

从凡尔赛宫上空俯瞰凡尔赛花园直到远处的十字大运河

喷泉的艺术

亨利四世统治时期，法国地下水和喷泉总管托马索·弗兰奇尼是一位来自意大利佛罗伦萨的工程师。他的两个儿子与勒诺特尔合作，制造了巧妙的水力机械，将水输送到水池中，并创造出水柱芭蕾，点缀着漫步者的脚步。由风车和马匹驱动的水泵将水从克拉尼和布瓦达西的池塘输送到凡尔赛。水被储存在大型蓄水池中，再通过复杂的管道网络输送到公园。但很快，由于喷泉数量太多，导致水源储备不足。怎么办呢？1681年，国王下令在塞纳河畔的马尔利修建水坝。4年后，马尔利水坝的14个桨轮开始运转，通过地下管道网络将珍贵的水输送到凡尔赛的蓄水池……可是，这些水还是太少了！有些喷泉很少开放。当国王外出散步时，就有人吹响哨子提醒喷泉管理员打开沿途的阀门。1680年，在皮卡尔神父设计完成了最初的工程后，继任的工程师戈贝尔决定从周围的高地上收集雨水，并通过一个由池塘、水渠和沟渠组成的网络输送到凡尔赛。这套水利系统一直使用到20世纪70年代。

王家岛于1816年被改建为国王花园，它沿着加利河未经整治的河道而建，让"发臭的埃唐沼泽"的水流向阿波罗池塘。80根水柱在游客面前喷涌而出，却不会弄湿游客的衣服。议事厅前的4个水池在1705年被改造成

勒托喷泉（图片提供：aterrom/Adobe Stock）

海神池塘

凡尔赛的迷宫

在凡尔赛花园，不迷路是不可能的。迷宫的创意来自作家夏尔·佩罗。在花园小路的交叉口、水池里和喷泉承水盘上，共有39座自然色绘制的铅制雕像，代表伊索寓言中提到的动物。每个喷泉都有本塞拉德用金字书写的寓言。王太子可以在参观时阅读这些寓言，负责教导王太子的博苏埃则负责陪同讲解。夏尔·佩罗解释道："之所以称其为迷宫，是因为这里有无数条小巷，它们相互交错，人走进去几乎不可能不迷路；同时，为了让迷路的人愉快，这里所有转弯处都藏有喷泉，因此每走一步都会有新的惊喜。"遗憾的是，迷宫的维护费用非常昂贵：碑文必须反复粉刷，花架必须反复修缮，喷泉必须用易碎的铅制成……1774年，路易十六翻新花园时废弃了迷宫。

夏尔·佩罗的肖像版画，1846年

PLAN DV
LABIRINTHE
DE VERSAILLES.

凡尔赛迷宫示意图

方尖碑水池，通过两座小桥与地面相连。

多年来，凡尔赛宫的水池一直被镀金的铅雕像装饰着，这些雕像描绘了神话中的场景，并令人自然想起不同地方的主神们的命运：阿波罗、尼普顿、拉托娜……1678年，橘园外的臭水塘开始动工。目的是什么？净化这个水池，以防止其令人作呕的气味继续刺激王室成员的鼻孔。这项任务非常艰巨，由王家卫队瑞士军团负责，他们的名字也因此沿用至今，被净化的池塘从此被称为瑞士池塘。

当时最伟大的一批艺术家创作的雕像逐渐为凡尔赛花园注入了活力，使其成为名副其实的露天博物馆。1674年勒布伦有一项重要任务就是设计装饰北花坛的一批雕像，而代表法国河流的雕像群则从1685年开始装饰城堡前的两个水池……

同年5月17日，国王第一

次看到了海神池塘中的喷泉，表示非常满意。即使到了今天，凡尔赛花园的供水管道系统相比17世纪其实几乎没有改动，但海神池塘中109根水柱同时喷发的奇景仍然令人赞叹不已。

海王尼普顿的雕像

凡尔赛宫的珍禽异兽、奇花异草

很快，来自世界各地的猎奇者就纷纷前往凡尔赛花园欣赏奇特的动物和植物……

动物园

路易十四很早就想在凡尔赛建造一座动物园。1663年，勒沃在凡尔赛花园的尽头，沿着通往圣西尔的道路，修建了一系列小建筑和庭院用来饲养从世界各地运来的数百种动物。此外，凡尔赛还有奶牛场、鸡舍和狗舍各一座。在这些饲养动物的建筑中央，建有一座真正的微型城堡，其客厅里有一座用贝壳制作的假山。

1686年，暹罗使团为凡尔赛动物园带来了活鳄鱼。在此之前，动物园已经拥有尼罗河朱鹭、粉红火烈鸟、瞪羚、老虎、犀牛、鹿、野猪和鸵鸟等动物，所有动物都得到了最好的照料。路易十四不仅想让这座动物园给参观者带来视觉享受，还想推动艺术和科学的发展，因此动物园一直欢迎画家和博物学家前来。1681年，动物园饲养的唯一一头大象死了，遗体在国王面前被科学家解剖。1698年，路易十四将动物园赠送给了他长孙的妻

以凡尔赛动物园出现的动物们为主题的雕刻画

子勃艮第公爵夫人，并请儒勒-阿尔杜安·芒萨尔翻修一新。

（下接第43页）

凡尔赛动物园，1845年绘图（图片提供：Morphart）

国王的菜园和果园

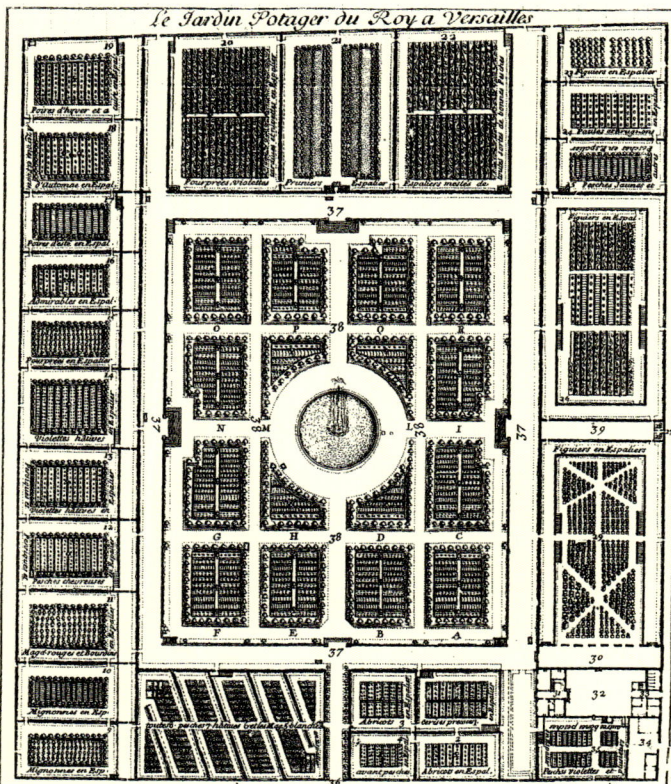

凡尔赛宫的菜园和果园示意图

在瑞士池塘被开挖出来后，被称为"发臭的埃唐沼泽"的其余部分也被排干并覆盖上沃土，此处变成了面积为8.5公顷的农田。王家园丁拉昆蒂尼将农田的核心区域划分成了16个方格，种植了多种水果和蔬菜。为了让国王一年四季都能在餐桌上吃到蔬菜，拉昆蒂尼培育了新品种，并将蔬菜种植在棚架下，尤其是路易十四非常喜欢的豌豆！他还种植了16种不同的沙拉菜和50种梨，甚至还有700棵无花果树，这在气候凉爽的法兰西岛无疑是一项壮举。在17世纪末之前，凡尔赛宫的菜园和果园就已经驰名世界了。

（上接第40页）

到1789年即法国大革命前夕，动物园里的动物已经所剩无几，幸存下来的少数动物被转移到杰弗里·圣希莱尔领导下的自然历史博物馆，成为这座新建博物馆附属动物园的第一批"居民"。

橘园

挖掘出瑞士池塘后，勒沃设计的老橘园显然已无法满足新的需求，必须对其进行扩建。芒萨尔设计了建筑，勒诺特尔设计了花坛，1684年，凡尔赛宫的新橘园和尚蒂伊城堡的橘园同时开工，都由这两位建筑师设计。工程于1686年夏天竣工，造价47.5万里弗尔。建筑墙壁厚达5米，在隆冬时节也能保持5摄氏度以上的温度。新橘园比老橘园大得多，可以容纳3000棵树。《信使报》为此写道："当天气温暖时，凡尔赛橘园的橘子树从保温箱中移到太阳下。您可以享受到惬意的凉爽，您还能欣赏到剧院所能提供的各种娱乐节目，而不必为炎热所困扰。歌剧甚至可以在多处同时上演，而表演者不会互相干扰。"

凡尔赛宫橘园

凡尔赛宫橘园景色

凡尔赛宫的菜园和果园

特里亚农宫：
仿佛生活在乡村

特里亚农村庄坐落在十字大运河以北、动物园东北方，国王要求勒沃将其打造得更具吸引力。

特里亚农陶瓷宫（图片提供：Shutterstock）

特里亚农陶瓷宫

1670年，弗朗索瓦·多尔贝设计的陶瓷宫分为5个厅，他在陶瓷宫的正面都铺上了荷兰代尔夫特制造的白色和蓝色彩陶瓦，其他的陶瓦则来自法国圣克卢和鲁昂。其中第一个厅用于制作果酱；第二个厅用于制作甜食；第三个厅用于制作头盘、冷盘和汤；而第四个厅则专门用于甜点和冷菜，王公贵族餐桌上摆放的水果也是在这里准备的。主厅包括两套公寓，每套公寓各有一间卧室、一间书房和两个卫生间。飞檐是马泽林雕刻的，天花板是弗朗卡尔绘制的，镜子是波克林制作的……蓝色和白色的和谐搭配是当时的时尚。大部分漆成白色的家具精致、典雅、富丽……而又脆弱。塔夫绸镶着金银花边。特里亚农陶瓷宫前面是一个高高的花园，里面摆放着被切割的黄杨木，后面是一个芳香花园，四季都盛开着芬芳的花朵。水池周围也铺上了陶片，并装饰着仿瓷花瓶。

但是，蓝白相间的时尚终有一天会结束。最重要的是喜欢这种装饰的蒙特斯潘夫人失去了路易十四的宠爱；此外，陶制瓷砖每年冬天都会因霜冻而碎裂，每年必须定期更换……1687年7月，特里亚农陶瓷宫被拆除。不过，陶瓷宫的一切被尽可能地再利用，其余拆除下来的材料则被卖给了承包商。

特里亚农陶瓷宫前的决斗：陶瓷宫拆除后被现在的大特里亚农宫取代

小特里亚农宫

小特里亚农宫是建筑师加布里埃尔的杰作，路易十五为他的情妇蓬巴杜夫人建造，蓬巴杜夫人去世时，小特里亚农宫仍在建设中。1770年，杜巴里夫人接替蓬巴杜夫人成为国王的情妇，为这座优雅的建筑瑰宝举行了落成典礼。路易十五在1749年决定改造花园。动物园被移到了这里，旁边则开辟为植物园，植物学家朱西厄在这里种植了咖啡和菠萝等当时欧洲的珍稀植物。通向花园的地方有一座内设游戏室的法式凉亭，游客可以在此小憩片刻。

1774年路易十六登基后，他将小特里亚农宫赠送给了他的王后玛丽-安托瓦内特。王后喜欢这里自在的生活，远离凡尔赛宫烦琐的宫廷礼仪。画家维吉-勒布伦夫人为王后绘制肖像画

小特里亚农宫（图片提供: kmiragaya）

时，王后就是在这里摆姿势的。国王本人也很享受这里的宁静。他经常早上来和王后共进早餐，然后回城堡处理个人事务和国事，大约下午两点回来吃午餐，有时还去小树林里看会儿书。

小特里亚农宫

大特里亚农宫

1687年，阿尔杜安·芒萨尔在被拆除的特里亚农陶瓷宫的位置上，设计建造了大特里亚农宫，这是一座只有一层楼的长条形建筑。宫殿的平顶被栏杆遮挡，窗户周围有简洁的雕刻装饰。大特里亚农宫的房间中有很多明亮的音乐室和游戏室，经常以鲜花和乐器装饰点缀。当夜幕降临，粉红色的朗格多克大理石壁柱被夕阳照亮时，这里散发出无与伦比的柔和气息。在1692年建成的国王套房中，还设置了一个装饰着珍贵镜子的内部会议室，这样君主就可以在不离开新的休闲居所的情况下讨论国家大事。在室外，勒诺特尔设计了泉水

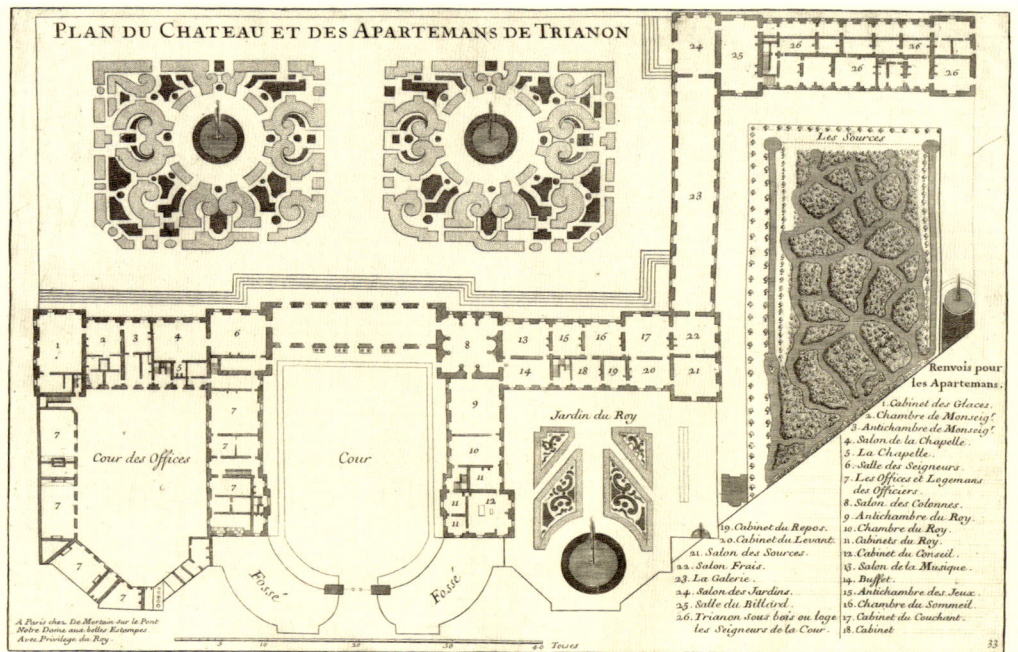

约1715年，大特里亚农宫建筑及房间布局图

花园，运河为花园带来了凉爽的气息，这里的喷泉仿佛无源之水喷薄而出。

大特里亚农宫的带顶露台

1700年前后，从大水池看大特里亚农宫

路易十五
在他的房间

到了路易十四统治末期，战争、国王丧亲之痛和陪伴国王的曼特农夫人对简朴生活方式的追求，已经迫使廷臣们远离了凡尔赛。1715年9月1日，路易十四在凡尔赛宫中央的国王卧室里去世。8天后，当他的遗体被运往圣德尼时，宫廷迁往了万森。御医们认为，那里的空气比凡尔赛宫的空气更适合年轻的路易十五。几个月后，路易十五搬到了摄政王整修过的杜伊勒里宫。宫廷离开凡尔赛长达7年，在这漫长的7年中，城堡虽然得到了维护，但却有些被遗忘了。1722年6月，路易十五回到了凡尔赛，但他是个腼腆的人，不喜欢公共生活，而且经常出巡。从此，凡尔赛宫再也没有恢复昔日的辉煌……

年轻的路易十五彻底改变了路易十四创建的房间布局。铺着大理石的浴室被一些小房间所取代，这些房间装饰着优雅的白色和金色镶板，并配备了浴缸和热水。路易十五只在举行起床和就寝仪式时才使用曾祖父路易十四的卧室，而他则睡在另一个房间里。他曾对吕讷公爵说："我喜欢自己起床、自己生火，不用仆人伺候。你让那些可怜的仆人歇歇吧，我就经常让他们不用来照顾我。"路易十四和路易十五的卧室之间，是御前会议办公室。路易十五在这里工作，接见大臣和大使，授予红衣主教圣职，为王子举行订婚仪式，接受高等法院或审计法院的谏言……

法国国王路易十五（1710—1774）画像，路易-米歇尔·范·洛于1763年绘制于凡尔赛宫

浴室

路易十五最喜欢的房间在椭圆形书房的尽头，位于大理石庭院和王家庭院的拐角处。有时，他甚至在这里接见大臣们。这个拐角房间，也就是人们常说的角落办公室，也被称为内部办公室，由一间隐秘的藏在宫殿深处的房间延伸出来，路易十五时不时就会在这里写作和收发信件。国王乘马车出行时，要经过角落办公室楼下的一个小警卫室，然后从一扇通向王家庭院的门出去，国王的马车就等在离警卫室不远的侧门台阶下。1757年1月5日，罗伯特·弗朗索瓦·达米安就是在这里试图刺杀路易十五的。

国王还在凡尔赛宫设立了图书馆、地理和物理资料室。为了给宫廷成员提供居所，内庭周围修建了许多小公寓，这违反了当时的安全规定。镜厅和大居室被保留了下来，但状况不佳的大使阶梯于1752年被拆除。

范·德·默伦和勒布伦的画作得以保存。但路易十五发现，凡尔赛花园已经很难保持路易十四时代的良好状态。早在1699年，芒萨尔就在他的日记中指出，有不法分子拆卸并偷走了圆顶亭子里的装饰品！

天文钟由工程师克劳德-西蒙·帕斯芒和钟表匠路易·多蒂埃设计，是一件独一无二的钟表兼装饰品。这件机械杰作是凡尔赛宫国王的小居室（被称为"座钟厅"）珍藏的奇珍异宝之一。时钟被镶嵌在一个青铜表壳中，由4只雕刻出的鹿脚支撑着，顶端是一个水晶球，根据哥白尼的说法，水晶球代表着太阳系，它是当时最先进的科学知识和技术的象征。这件座钟的制作历时36年，1749年曾在科学院展出，后被国王购得。钟表箱是雕刻家雅克·卡菲耶里和他的儿子青铜器工匠菲利普的作品

天文钟（图片提供：Trizek）

建筑师加布里埃尔

昂日-雅克·加布里埃尔（1698—1782）出身于一个建筑师世家。他的祖父雅克四世·加布里埃尔是一名石匠和建筑师。他的父亲雅克五世是阿尔杜安·芒萨尔的弟子，担任过国王的首席建筑师。通过在路易十四卧室的装饰和多座花园中的大型假山群的工程实践，雅克五世逐步培养儿子子承父业。

尽管昂日-雅克负责了许多建筑项目，如军事学院、贡比涅城堡和路易十五广场（现协和广场），但他在凡尔赛留下印记的却是小特里亚农宫。

加布里埃尔随后对凡尔赛宫进行了重大改造：他希望通过去除巴洛克风格来改造城堡的外观，国王在1771年同意了他的想法。加布里埃尔翼楼是大规划的一部分，它位于荣誉庭院和王家礼拜堂之间，留存至今。加布里埃尔翼楼内由这位建筑师设计的大楼梯于1772年动工，直到1985年才完工。

1662年，加布里埃尔提议建造一座庭院，庭院内有新的建筑和一个顶部为四角形穹顶的中央前院。他的计划所需的空间是充足的，但该项目始

终未能实现。

因为经费不足和路易十四的去世，加布里埃尔翻修凡尔赛宫的计划被放弃。他最终致力于在凡尔

赛宫北翼的尽头建造一座剧院。这座剧院的装修继承了伟大世纪[1]的传统，极尽奢华。在巧妙的机械设备的帮助下，剧院的主观众席可以调整到和舞台平齐的高度。因此，通过起重机械的运行，剧院可以转为芭蕾舞厅或者宴会厅。这里见证了当时还是王太子的路易十六和未来的王后玛丽-安托瓦内特的盛大婚礼。婚礼当天，剧院的墙壁混合了蓝色、玫瑰色和黄色三种色调，在金色涂料的衬托下闪闪发光。墙壁的装饰风格和剧院天花板上的油画和谐一致，这幅油画由杜拉莫创作，其主题是太阳神阿波罗为缪斯女神们戴上桂冠。帕若则为剧院留下了豪华的雕刻，包括斯芬克斯、天鹅、装饰天青石的花瓶、黄道十二宫等，凡尔赛王家歌剧院很快就被评为欧洲最美丽的剧院。

凡尔赛王家歌剧院的天花板（图片提供：photogolfer）

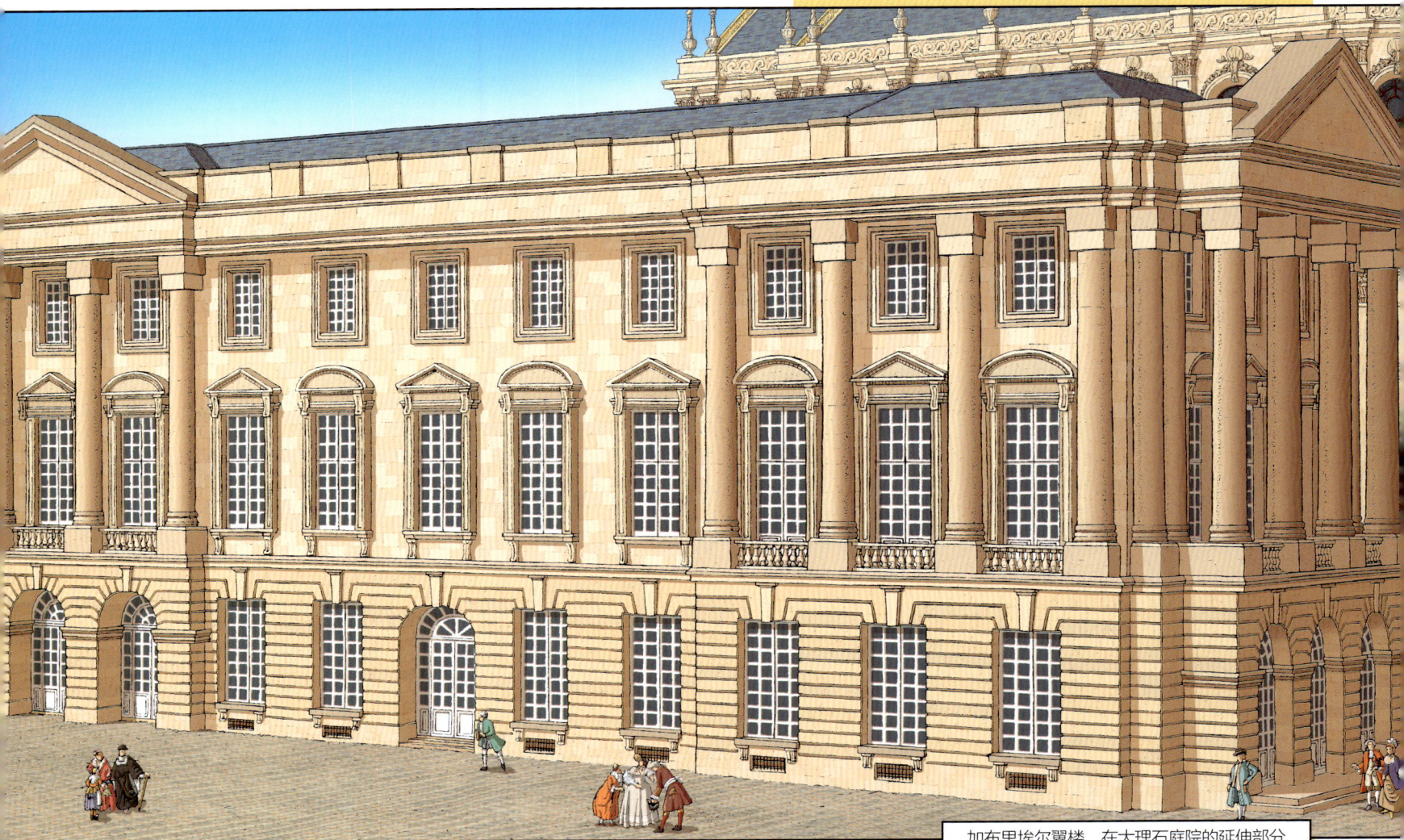

加布里埃尔翼楼，在大理石庭院的延伸部分

【1】波旁王朝初期的100年间（其中主要是路易十四统治时期），是法国国力上升的黄金时期，在法国历史上，被称为"伟大世纪"。

玛丽-安托瓦内特王后的简单快乐

法国王后玛丽-安托瓦内特（1755—1793）画像，伊丽莎白·维热·勒布伦1783年绘，现藏于凡尔赛宫

路易十六的王后玛丽-安托瓦内特深受宫廷无所不在的刻板礼仪之苦。在特里亚农庄园，她发明了一种新的生活方式。芭蕾舞、喜剧和音乐占据了重要位置，王后很少接待家人之外的客人。家具由著名的橱柜设计师雅各布设计，全部以田园图案、花架和鲜花装饰。建筑师理查德·米克、画家于贝尔·罗伯特和园丁理查德共同精心设计建造了这座茅草屋顶的乡村风格建筑。迷人的菜园里种着果树、豆子、覆盆子和卷心菜。池塘边还建有一座模拟中世纪风格的雉堞塔，以纪念博马舍在《费加罗的婚礼》中所唱的《马尔伯勒之歌》。虽然该剧已被禁演，但整个宫廷很快都哼起了这首歌！兔子、奶牛、母鸡、山羊和马在农场里和谐相处。王后和她的侍女们在牛奶厂里享受着打黄油的乐趣。

在河对岸，有一座带有转轮并不断工作的美丽的水力磨坊，一个设有食品储藏间、衣物储存及熨烫间和配餐室的暖房，以及由木制阳台连接的两座房屋。第一栋房子的底层摆放着一张台球桌。第二栋房子的底楼有一个餐厅、一个餐具室和一个前厅，楼上则有一间卧室和一间客厅。

玛丽-安托瓦内特王后在厅中弹奏竖琴

路易十六的 王家图书馆

路易十五去世后，他年轻的继承人路易十六很快就要求利用他本人住在贡比涅而离开凡尔赛的时间，在后来被称为瓷器厅的客厅里设置了书房。克里科和卢梭负责木工和雕塑，这间书房是凡尔赛宫最出色的木雕师儒勒－安托万·卢梭的收官之作。他和他的两个儿子共同完成，其中让－西梅翁负责绘图，儒勒－于格则负责木工。在图书馆每个角落的弧形面板上，都摆放着令人意想不到的雕刻：这里，一卷《罗兰之歌》与羽毛和罗马剑相邻；那里，巴斯克鼓与响板混在一起；天体球与望远镜连在一起。橱柜之间雕刻着花束碎片，包括玫瑰、雏菊、大丽菊和罂粟花。

这间书房成了路易十六最喜欢的房间。他经常在一张位于窗台边上的小书桌前工作。有时，他抬头欣赏两幅画，一幅描绘了阿波罗倚靠在他的琴上，另一幅描绘了法兰西接受艺术天才们的敬意。房间中央的红木大

即将远航太平洋的航海家、海军军官拉佩鲁斯正在聆听路易十六的指示，1785年6月29日，尼古拉-安德雷·蒙肖（1754—1837）绘制

桌上摆放着塞夫勒瓷器厂生产的瓷器雕像，包括布瓦洛、拉封丹、拉辛、拉布吕耶尔等法国历史上知名的作家和艺术家。

1775年，在路易十六的要求下，人们在礼仪厅下面铺设了一条

1789年前后国王的小套间示意图

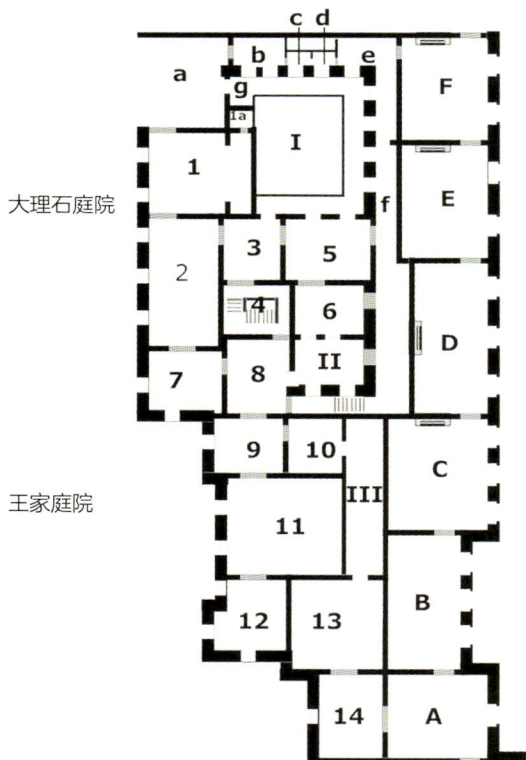

1 : 路易十五的房间
   1a : 衣帽间
2 : 座钟厅
3 : 狗厅
4 : 国王阶梯
5 : 狩猎归来餐厅
6 : 自助餐厅
7 : 内部办公室
8 : 传令室
9 : 金餐具厅
10 : 隐蔽的房间或国王账簿室
11 : 书房
12 : 新餐厅
13 : 台球室或冷餐室
14 : 游艺室

A—F : 国王的大套间

I : 雄鹿天井
II : 国王的小天井
III : 国王酒窖

a : 会议室
b : 浴室
c : 卫生间
d : 楼梯
e : 假发室或镀金室
f : 地图走廊

长长的走廊，走廊的尽头离王后的卧室很近。这样一来，国王探望妻子时就不用穿过一直都有人在的牛眼窗客厅了。在之前建有小房间的楼层，国王还安放了平面地图、立体地图、小型天文台和船只模型。至于他广为人知的机械作坊，则在更高的阁楼上。国王经常与建筑工程承包商弗朗索瓦·加曼一起尝试制造锁具。

路易十六在位期间凡尔赛几乎没有进行过其他工程。人们谈论最多的是加布里埃尔在路易十五时期着手建设的伟大规划。路易十六咨询过规划的可行性，也看过设计图，但当时的财政状况已经不允许实施规划了。当路易十六和他的家人最终于1789年10月6日离开城堡时，封闭徽章广场的栅栏门顶端仍然被篱笆挡着……

王家图书馆一角（图片提供：Miguel Hermoso Cuesta / wikicommons）

路易十六待在他的书房里

1789年，路易十六时期的凡尔赛宫鸟瞰图

路易十四统治时期的家具与艺术品

镶嵌桌面，安德烈－夏尔·布勒于1675年前后制作

大王太子的方形底座，安德烈－夏尔·布勒于1684年制作

高边柜或纪念章存放柜，据说由安德烈－夏尔·布勒制作

盥洗箱，安德烈－夏尔·布勒于1690年制作

高脚杯，鲁昂产彩色陶器

壁炉柴架，镀金铜器

银制杯，18世纪

安德烈－夏尔·布勒制作的"爱战胜时间"挂钟，约1720年

凡尔赛宫国王套房的门

凡尔赛宫相关历史人物

| 1 | 2 | 3 | 4 | 5 | 6 | 7 | 8 |

1.路易十三（1601—1643），法国和纳瓦拉王国的国王，亨利四世和玛丽·德·美第奇的儿子。

2."奥地利的安妮"（1601—1666），西班牙和葡萄牙的公主，奥地利女大公，路易十三的妻子，法国王后，1643年至1651年摄政。

3.黎塞留（1585—1642），法国红衣主教，弗龙萨克公爵，政治家，路易十三的首相。

4.玛丽·德·美第奇（1573—1642），亨利四世的妻子，路易十三的母亲，法国王后，1610年至1614年担任法国摄政王太后。

5.儒勒·雷蒙德·马扎然（1602—1661），法国红衣主教，外交家和政治家。1642年至1661年担任法国首相。

6.贡迪（1613—1679），雷兹红衣主教，法国政治家和作家。

7.拉布劳德利（约1560—1635），亨利四世、玛丽·德·美第奇王太后和路易十三时期的王家花园总管。

8.克劳德·德·鲁弗鲁瓦（1607—1693），拉斯伯爵和圣西门公爵，路易十三的宠臣，作家路易·德·鲁弗鲁瓦的父亲。

9.尼古拉·富凯（1615—1680），法国政治家，路易十四统治初期的财政总监，巴黎高等法院总检察官。

10.拉封丹（1621—1695），寓言家、诗人、剧作家和小说家。法兰西语文学院院士，《拉封丹寓言》的作者。

11.莫里哀（1622—1673），法国演员和剧作家。

12.路易·勒沃（1612—1670），法国建筑师（详见第20页）。

13.勒布伦（1619—1690），画家，装饰家，路易十四的王家首席画家，兼任王家绘画学院院长和戈贝林王家工场总监。

14.吉拉尔东（1628—1715），法国雕塑家，在凡尔赛花园中创作了大量雕塑作品。

15.拉昆蒂尼（1626—1688），法国律师、园艺家和农学家。国王菜园的创建者。

16.勒诺特尔（1613—1700），路易十四时期的王家园艺师（详见第36页）。

17.路易十四（1638—1715），法国和纳瓦拉王国的国王，路易十三和"奥地利的安妮"的儿子。

9　　　　10　　　　11　　　　12　　　　13　　　　14　　　　15　　　　16

18.玛丽·曼奇尼（1639—1715），洛伦佐·科隆纳元帅的妻子，马扎然首相的外甥女，路易十四的初恋。

19.路易·德·法兰西，大王太子，幼年时期，他是路易十四的儿子，也是路易十五的祖父。

20.奥地利的玛丽亚·特蕾莎（1638—1683），西班牙和葡萄牙的公主，奥地利女大公。路易十四的妻子，法国王后。

21.路易丝·德·拉瓦利埃（1644—1710），路易十四的第一任官方情妇。

22.蒙特斯潘夫人（1640—1707），路易十四的情妇，侯爵夫人。

23.曼特农夫人（1635—1719），路易十四子女的家庭教师。她先成为路易十四的情妇，后来又秘密成为他的妻子。

17　　　　18　　　　19　　　　20　　　　21　　　　22　　　　23

| 24 | 25 | 26 | 27 | 28 | 29 | 30 | 31 |

24.勒泰利埃，卢瓦侯爵（1641—1691），政治家，路易十四时期的内阁大臣。

25.让-巴普蒂斯特·科尔贝尔（1619—1683），路易十四时期的内阁大臣，财政总审计长，王室事务大臣，海军大臣。

26.博絮埃（1627—1704），神父、主教、作家，法国王太子（路易十四之子）的教师。

27.克劳德·佩罗（1613—1688），法国医生和建筑师，特提斯石窟平面图和内部装饰的设计者。

28.夏尔·佩罗（1628—1703），作家，《鹅妈妈的故事》的作者。

29.皮埃尔·高乃依（1606—1684），法国剧作家和诗人。

30.路易·德·鲁弗鲁瓦（1675—1755），圣西门公爵，路易十四统治末期的法国廷臣和回忆录作者，《圣西门回忆录》作者。

31.拉辛（1639—1699），法国诗人和剧作家，法兰西学院院士，他创作的多部戏剧在凡尔赛宫上演。

32.芒萨尔（1646—1708），法国建筑师，王家建筑总监。

33.皮埃尔·米纳尔（1612—1695），法国画家，勒布伦去世后王家首席画家。

34.吕利（1632—1687），意大利裔作曲家和小提琴家，为法国宫廷创作了大量芭蕾舞剧。

35.安托万·科瓦兹沃克斯（1640—1720），法国雕塑家，城堡和花园的装饰设计师。

36.皮埃尔·普热（1620—1694），雕塑家、建筑师和画家，创作了《克罗托那的米罗》、《珀尔修斯》与《安德洛墨达》等著名雕塑，路易十四下令将这些雕塑展示于凡尔赛花园中。

37.西尔维斯特尔（1621—1691），绘图师、雕刻师和国王顾问。王家绘画与雕塑学院成员。

38.夏尔·弗朗索瓦·菲利克斯（1635—1703），国王首席外科医生。

39.加布里埃尔（1698—1782），法国建筑师。在凡尔赛宫，他负责歌剧院、路易十六的图书馆和城堡外观的设计，因此凡尔赛宫一翼以他的名字命名。

40.路易十五（1710—1774），法国和纳瓦拉国王，路易十四的重孙。

32	33	34	35	36	37	38	39

41.玛丽·莱辛斯卡（1703—1768），波兰国王的女儿，路易十五的妻子，法国王后。

42.蓬巴杜夫人（1721—1764），路易十五的情妇和顾问。

43.杜巴里夫人（1743—1793），最后一位受到路易十五宠爱的情妇。

44.伏尔泰（1694—1778），法国作家、剧作家和哲学家。

45.路易十六（1754—1793），法国和纳瓦拉国王，王太子路易·法兰西（路易十五之子）和太子妃萨克森的玛丽·约瑟芬之子。

46.奥地利的玛丽-安托瓦内特（1755—1793），奥地利女大公，路易十六之妻，法国王后。

40	41	42	43	44	45	46

凡尔赛宫宫殿

每天开放，周一、12月25日和1月1日除外。

开放时间：9:00—17:30。

最后入场时间：17:00。

关门时间：16:50。

特里亚农庄园

每天开放，周一、12月25日和1月1日除外。

开放时间：12:00—17:30。

最后入场时间：17:00。

关门时间：16:50。

马车长廊

每天开放，周一、12月25日和1月1日除外。

开放时间：12:30—17:30。

最后入场时间：16:45。

此处免费参观。

花园

每天开放时间：8:00—18:00，特殊天气（雪、强风等）除外：

- 正门（最后入园时间：17:30）
- 小教堂大门（9:00—17:30）
- 龙门（每天12:00—18:00开放。最后入场时间为17:30）
- 海神之门
- 动物园之门
- 小威尼斯之门

公园

每天开放时间：8:00—18:00，特殊天气（雪、强风等）除外：

步行入口包括：

- 荣誉之门（最后入园时间17:30）
- 女王之门（最后入园时间17:30）
- 水手之门（9:30—18:00，最后入园时间17:30）
- 圣安托万门（9:30—18:00，最后入园时间17:30）

车辆入口包括：

- 女王之门（9:00—16:50）
- 圣安托万门（仅在周末对车辆开放，9:00—16:50）

自行车入口包括：

- 女王之门（最后入园时间17:30）
- 水手之门（9:30—18:00，最后入园时间17:30）
- 圣安托万门（9:30—18:00，最后入园时间17:30）

马尔利庄园：

每天开放时间：8:00—17:30，自行车可以进入。

图书在版编目（CIP）数据

凡尔赛宫 / （法）雅克·马丁著 ；杨光，吕昭审译 . —北京 ： 北京出版社，2024.3
（时光传奇）
ISBN 978-7-200-18453-2

Ⅰ．①凡… Ⅱ．①雅… ②杨… ③吕… Ⅲ．①凡尔赛宫—历史—青少年读物 Ⅳ．①K956.57-49

中国国家版本馆CIP数据核字（2024）第019001号
北京市版权局著作权合同登记号：01-2023-5116

责任编辑：王冠中　米　琳
责任印制：刘文豪

时光传奇

凡尔赛宫
FAN'ERSAI GONG
［法］雅克·马丁　著
杨　光　吕　昭　审译

出　　　版　北京出版集团
　　　　　　北京出版社
地　　　址　北京北三环中路6号
邮　　　编　100120
网　　　址　www. bph. com. cn
总　发　行　北京出版集团
发　　　行　京版若晴科创文化发展（北京）有限公司
经　　　销　新华书店
印　　　刷　北京雅昌艺术印刷有限公司
版　　　次　2024年3月第1版
印　　　次　2024年3月第1次印刷
成品尺寸　235毫米×305毫米
印　　　张　9
字　　　数　120千字
书　　　号　ISBN 978-7-200-18453-2
定　　　价　78.00元
印　　　数　1—10 000
如有印装质量问题, 由本社负责调换
质量监督电话　010-58572393
责任编辑电话　010-58572473